AF485266

EL PODER DE LAS EMOCIONES

Domina tus emociones en **7 pasos** y retoma el control de tu vida

Daniel J. Martin

ISBN 9789916994191

Aviso: Este libro ha sido creado con la intención de ofrecer información, sugerencias y orientación sobre distintas áreas de la vida, entre ellas el bienestar emocional, la salud mental, el crecimiento personal y el desarrollo de relaciones saludables. Sin embargo, no sustituye en ningún caso a la atención médica profesional o al asesoramiento de un psicólogo o terapeuta calificado. Si estás enfrentando problemas serios de salud mental o emocional, te recomendamos que busques ayuda profesional de manera inmediata.

*«La vida no trata de esperar a que pase la tormenta,
sino de aprender a bailar bajo la lluvia.»*

— Vivian Greene

ÍNDICE

¡Un regalo solo para ti!

¿Te gustaría leer **mi próximo libro completamente GRATIS**? ¡Escanea el código que aparece debajo y **apúntate a mi club de lectores**!

Te esperan grandes sorpresas: sé el primero en leer mis nuevos lanzamientos, escucha mis audiolibros de forma gratuita, consigue copias firmadas y dedicadas... ¡y mucho más!

Introducción

Te guste o no, somos seres emocionales. Y, lo aceptes o no, cómo te sientes cada día influye en tu calidad de vida. Es así, y no porque lo diga yo, sino porque hay unanimidad en este aspecto entre la comunidad científica que estudia la psicología humana: las emociones son la base de la felicidad y del desarrollo personal. Puedes tener mucho dinero y sentirte muy desgraciado, puedes tenerlo todo a favor y arruinar tu vida con malas decisiones por no saber interpretar lo que sientes.

Así que es mejor empezar a dialogar en serio con nuestras propias emociones. Porque sentirlas es inevitable, nos guste o no. Es más: nuestras emociones están ahí para ser atendidas, porque lo que traen es información, y es nuestra responsabilidad aprender a usarla, del mismo modo que hemos aprendido a usar las manos.

Claro que algunas emociones nos hacen sentir débiles o ridículos: tristeza, miedo, asco... ¿A quién le gusta sentir eso? Sin embargo, te aseguro que es mejor sentirlo que no sentirlo: esas emociones son emisiones en directo de nuestra situación en ese momento. Incluso si la tristeza es debida a algo que sucedió en el pasado, es información sobre el momento actual.

Las emociones son el puro presente. Y ya sabes que solo podemos actuar y vivir desde el presente. Así que de ti depende hacerlas tus aliadas o pasarte la vida peleándote con ellas. Solo de ti depende no darle la espalda a tu parte emocional para obtener un falso sentimiento de control sobre tu persona (*spoiler alert*: no lo vas a conseguir).

Entonces, ¿qué hacemos? ¿Nos dejamos llevar por las emociones? ¿Hacemos lo que nos dicten en todo momento, incluso cuando eso nos perjudica? No. Lo que debemos hacer es entenderlas y educarlas. Educar las emociones no es lo mismo que reprimirlas. Lo primero significa crecer como seres humanos, lo segundo... es imposible.

La expresión emocional

Hoy en día se da mucha importancia a la expresión de las emociones en la educación infantil. Ya desde preescolar es frecuente que en las aulas se lleven a cabo juegos donde haya que manifestar y hablar de emociones para que los pequeños se familiaricen con ellas. Y me alegro de que sea así. ¿Por qué? Pues porque en mi época jamás un solo maestro dio importancia a nada de lo que sentíamos los alumnos. Es más: las emociones eran señaladas como algo desestabilizador y problemático, por lo que nos enseñaron a ocultarlas: no llorar, no enfadarse, no gritar (¡ni siquiera de alegría!), no contestar, no expresar. La gente de mi generación pasó los años más importantes de su desarrollo personal reprimiendo y ocultando sus emociones.

¿Qué se pretendía con ello? Sinceramente, no lo sé. Si se quería crear futuros hombres y mujeres «fuertes», el fracaso ha sido rotundo: muchos de aquellos niños y niñas son hoy adultos que sufren ansiedad, depresión, tristeza o anhedonia[1], por no hablar de la cantidad de relaciones disfuncionales que establecen.

Si de niño alguien me hubiera enseñado que sentir miedo es bueno, que llorar de tristeza es lo correcto, que los enfados son saludables y que todo ello forma parte de mi vida... ¡Cuántas caídas me habría evitado! ¡Cuántos sentimientos

---

[1] La anhedonia es la incapacidad sentir placer por las cosas agradables de la vida, tanto en el aspecto físico, como en el psicológico o social, y es un signo claro de depresión u otra circunstancia coercitiva. Su nombre viene en oposición al hedonismo, que es justo lo contrario: actuar exclusivamente por placer.

de insuficiencia, de confusión y de vergüenza me habría ahorrado!

Ahora ya lo sé, y quiero que tú también lo sepas: nada de lo que sientes es malo. Ninguna emoción te invalida como persona, ni a nivel profesional ni a nivel social. Lo que sientes es solo información. Lo que hagas con ello es lo que debe ocuparte.

Una asignatura pendiente

El libro que tienes en las manos aborda una asignatura pendiente que muchos arrastramos desde niños. Es normal que nos cueste ver el lado positivo de ciertas emociones si nadie nos ha explicado nunca hasta qué punto son importantes. Así que este libro es para ti si:

- Tus emociones te provocan vergüenza, culpa o sensación de insuficiencia.

- Tu forma de actuar es impulsiva y con frecuencia te arrepientes de tus actos.

- Pasas de la alegría al llanto con frecuencia.

- Tienes más emociones dolorosas que satisfactorias.

- Sientes ansiedad o tristeza frecuente.

- Estás atrapado en el pasado.

- Encuentras fallos e injusticias continuamente en ti mismo o a tu alrededor.

- Piensas «demasiado».

Si te has sentido identificado con lo que acabas de leer, no es que algo «no funcione» en ti, o que tus emociones están locas: solo significa que estás desoyendo a tus propias necesidades.

Te pido que le leas este libro a tus propias emociones. Cuando termines, te habrás conocido a ti mismo de otra forma. ¿De qué forma? Pues, como pronto, tendrás menos miedo, menos culpa y menos vergüenza. Habrás entendido que las emociones están ahí para ayudarte.

Nunca es tarde para el autoconocimiento. Nunca es tarde para dejar que nuestras emociones actúen como lo que son: el material del que están hechos nuestras almas, nuestros sueños y nuestra felicidad.

Lee esta guía sobre emociones y, al final, si quieres, hablamos. Por ahora, mi única indicación para ti es esta: ¡Siéntete como te dé la gana!

Daniel J. Martin

Qué son las emociones y para qué sirven

«Las emociones son el resultado de cómo experimentamos, física y mentalmente, la interacción entre nuestro mundo interno y el mundo externo».

— Elsa Punset.

¿Qué es esto que siento?

Para definirlas de forma académica, diremos que las emociones son experiencias subjetivas que aparecen como respuesta a ciertos estímulos. Se trata de reacciones naturales, automáticas e inevitables que experimentamos como resultado de nuestras percepciones, pensamientos, ideas y recuerdos. Su manifestación involucra aspectos psicofisiológicos como la aceleración del pulso, la sonrisa, las lágrimas o ruborizarse; y aspectos mentales, como el hecho de entender esas mismas reacciones en el plano cognitivo.

Las emociones pueden ser intensas o sutiles, mantenerse en el tiempo o apagarse a los segundos de aparecer, e influyen en nuestros pensamientos y actos, del mismo modo que estos influyen en nuestro estado de ánimo.

¿Qué puede causar una emoción?

- **Una percepción sensorial** (interpretada por el cerebro): oír una explosión, escuchar una canción alegre, percibir el tacto de una caricia, observar un paisaje maravilloso o una escena de una película, etc.

- **Un recuerdo:** Las experiencias pasadas pueden generarnos emociones en el presente cuando nos vienen a la memoria.

- **Una interacción social de cualquier tipo:** Una reunión de trabajo, una conversación telefónica o una mirada nos puede generar desde tranquilidad hasta miedo.

- **Una creencia en contraste con la realidad.** Por ejemplo: si yo sé que algo es injusto y lo padezco, es probable que sienta emociones reactivas a esa injusticia, como la rabia, la ira o la frustración.

- **Factores bioquímicos:** Las emociones son productos mentales, y la mente funciona con material bioquímico. Así, los cambios hormonales o los desajustes orgánicos que afecten a la química cerebral también afectan al estado anímico. Un nivel bajo de dopamina o de serotonina, por ejemplo, puede causar tristeza sin que haya un factor externo al que se pueda ligar.

Emociones negativas

> *«La idea de que debes estar protegido de sentir cualquier tipo de emoción incómoda es lo que en absoluto suscribo.»*
>
> — John Cleese

De forma errónea, consideramos que algunas emociones son negativas y otras, positivas. Por emociones negativas entendemos las que percibimos como desestabilizadoras, peligrosas o desagradables, mientras que las positivas son las que nos producen satisfacción y sosiego. Sin embargo, no deberíamos juzgarlas así: las emociones por sí mismas no son buenas ni malas, ni tampoco podemos culpabilizarnos por sentirlas. Como decía David Kessler[2], es lo que hagamos con ellas lo que debe ocuparnos:

---

[2] David Kessler es un divulgador de psicología famoso por sus aportaciones en el ámbito de la gestión emocional ligada al duelo.

«No eres responsable de las emociones que sientes,
pero sí eres responsable de lo que haces con ellas.»

Las emociones de nuestra vida

Los seres humanos generamos y sentimos docenas de emociones a diario. También somos capaces de provocar emociones en los demás, seamos conscientes de ello o no.

Todas estas emociones son como olas: se crean, vienen, van y desaparecen unas detrás de otras. La mayoría de ellas apenas duran un par de minutos. Si el mar está tranquilo, son agradables y las podemos recibir sin problemas. Si el mar está revuelto, nos golpean y pueden llegar a ser peligrosas.

Los humanos somos capaces de sentir más de cien emociones distintas, aunque no todas con la misma frecuencia. A continuación, he reunido aquellas que podemos experimentar, en mayor o menor medida, la mayoría de nosotros[3]:

1. Alegría
2. Tristeza
3. Miedo
4. Ira
5. Sorpresa
6. Asco
7. Amor
8. Odio
9. Culpa
10. Ternura
11. Erotismo
12. Vergüenza
13. Rencor
14. Envidia
15. Preocupación
16. Euforia
17. Gratitud
18. Confianza
19. Frustración
20. Hostilidad
21. Resentimiento
22. Esperanza
23. Aversión
24. Celos
25. Admiración
26. Frustración

---

[3] Solo los individuos con trastornos de la personalidad como la psicopatía o el narcisismo están al margen de muchas de estas emociones.

Tal vez te estés preguntando: «Y dónde está la ansiedad? ¿No es también una emoción?».

Es cierto que muchos psicólogos la consideran una emoción más, sin embargo, creo que es más apropiado decir que la ansiedad es un mecanismo de defensa que emplea emociones. La desencadena el cerebro para llamar nuestra atención y por eso todas las emociones ligadas a la ansiedad son intensas y desagradables. Además, cuanto más tratamos de ignorar esa ansiedad, más la carga el cerebro con emociones punzantes y frecuentes hasta que cumplimos con nuestra obligación de escucharla.

De forma parecida a la ansiedad, existen otros estados que no son propiamente emociones, pero sí conllevan experiencias subjetivas vinculadas al sistema emocional, por ejemplo:

- la apatía o el tedio
- el hastío

- la ilusión

- el enamoramiento

- la paz o bienestar interior

- la motivación

- el duelo

Todos ellos son estados de ánimo que varían en función de nuestras circunstancias, e involucran un conjunto de emociones parecidas en cada caso.

¿Para qué sirven las emociones?

Las emociones son información de a bordo y su función es adaptativa. De la misma manera que sentimos picor, frío o dolor de cabeza porque nuestro cerebro así lo manifiesta con el objetivo de que actuemos en consecuencia (nos rasquemos, nos abriguemos o busquemos remedio al dolor), podemos percibir que estamos asustados, enfadados o alegres por algo.

Estas son sus principales funciones:

- **Personalización de la información del entorno:** La información que nos llega del exterior mediante los sentidos requiere ser «personalizada» para que nos sea más útil. Así, las emociones acompañan a cada estímulo para darle un sentido «extra». Por ejemplo: ante el hecho de que llueva, nuestro cerebro puede concluir que es algo positivo si estamos en época de sequía, o negativo si no queríamos mojarnos; y genera una emoción que lo exprese para ayudarnos a comprender cómo nos puede afectar eso.

- **Adaptación:** En la mayoría de los casos, las emociones también nos sugieren cuál debe ser nuestra respuesta a las demandas del entorno. Si percibimos una amenaza, surge el miedo para indicarnos que debemos reaccionar enseguida mediante la confrontación o la huida.

- **Comunicación:** Las emociones son una forma de comunicación no verbal. A través de expresiones como la sonrisa, el tono de voz espontáneo, los movimientos de las manos, la posición corporal, las reacciones fisiológicas como ruborizarnos, etc.; las emociones nos ayudan a transmitir adecuadamente el mensaje que estamos enviando al entorno, incluso sin que nos demos cuenta o lo queramos. En este sentido, esa comunicación emocional no siempre juega a nuestro favor: ella solo responde a cómo el cerebro considera que debe proteger nuestra supervivencia, al margen de si es «socialmente adecuado» o si «nos delata».

- **Registro mental y toma de decisiones:** Las emociones influyen en la evaluación que hacemos de cada circunstancia, en el pensamiento o el aprendizaje que extraemos de ella y en la forma en que lo almacenamos en forma de recuerdo. Como los recuerdos guardados en la memoria van ligados a emociones, estas pueden hacernos tomar una u otra decisión en función de ellos. Por ejemplo: las emociones ligadas a un trauma del pasado condicionan nuestras conductas del presente.

Un ejemplo: ¿Para qué sirve la ira?

Ahora imaginemos una situación que percibimos como injusta, como que alguien nos está faltando al respeto de forma deliberada. La emoción más natural ligada a esta circunstancia es la ira, una sensación muy intensa que conlleva sentimientos de frustración, peligro, enfado, etc. ¿Qué funciones cumple aquí esa ira?

1. **Detección de límites personales traspasados:** La ira se dispara como una alarma para manifestar que esa persona está cruzando los límites del respeto y que nuestra integridad física o psicológica está siendo atacada.

2. **Autoafirmación:** Ante una situación injusta o de abuso, la ira es la forma que tiene nuestro cerebro de recordarnos que tenemos derecho al bienestar personal y al respeto.

3. **Movilización para el cambio:** La ira sirve como motor de motivación y acción para detener esa situación.

Dicho esto, ¿realmente piensas que la ira es negativa y que es mejor no sentirla? Yo creo que no: ante una situación injusta o de abuso hacia nosotros, ¡bendita sea la ira!

Ahora bien, ante la ira experimentada, tenemos tres opciones. Valora tú mismo cuál va más en línea con nuestros intereses:

- **Opción 1**: Abrumarnos por la ira y considerarla un problema que se suma al problema principal, con lo que ya tenemos dos problemas.

- **Opción 2**: Actuar de forma impulsiva siguiendo esa emoción, con lo que tal vez detengamos la situación, pero generemos consecuencias peores.

- **Opción 3:** Comprender qué nos está instando a hacer la ira, sin dejarnos llevar por los impulsos primarios.

Ante una dinámica familiar donde un miembro siempre nos falta al respeto, la ira que sentimos nos indica que ya no podemos permitirlo por más tiempo. ¿Qué hacemos? Es posible que el cambio pase por dar un puñetazo sobre la mesa o pegar un grito, pero es probable que lo más inteligente sea no perder el control y prepararnos para cerrar la puerta a ese miembro familiar y a cualquiera que se alinee con él o ella.

En ese caso la ira, por muy visceral y abrumadora que sea, no nos pide que actuemos sin pensar ni de forma reactiva, sino que el cambio por nuestra parte ya es ineludible. Cuanto más nos empeñemos en «no pensar en ello», o «no darle importancia», más fuerte será nuestra ira interior.

Resumen del capítulo 1

– Las emociones son reacciones subjetivas, automáticas e inevitables a estímulos percibidos.

– Las emociones son pura información al navegante y su función es doble: informativa (sobre cómo nos afecta el exterior) y adaptativa (cómo debemos actuar en consecuencia).

– Los seres humanos somos capaces de sentir más de cien emociones distintas.

– Las emociones no son positivas ni negativas, es lo que hagamos con ellas lo que puede suponer un acto bueno o malo.

– A veces, lo que nos da miedo de una emoción (por ejemplo, la ira), no es la emoción en sí, sino lo que nos insta a hacer: a menudo creemos que la ira nos insta a ser violentos o viscerales, cuando en realidad nos insta a un cambio ineludible.

Cómo funciona nuestro sistema emocional

«Las emociones no son interrupciones del pensamiento: son partes integrantes de él».

— Antonio Damasio.

El responsable de elaborar nuestras respuestas a los estímulos externos es el sistema nervioso, cuyo núcleo es el cerebro. El cerebro es el órgano más sofisticado que existe y está formado por miles de millones de células nerviosas (las neuronas), que se comunican entre ellas por impulsos eléctricos y reacciones químicas, formando una compleja red de conexiones.

En este extraordinario sistema, ya hace tiempo que la neurociencia identificó las regiones cerebrales que intervienen en la creación de las experiencias emocionales. Sabemos que la amígdala, que es una pequeña «almendra» [4] situada en el centro del cerebro, es clave en la gestión del miedo y la respuesta de lucha o huida a este; y también que es la encargada de detectar situaciones que llevan carga emocional. La corteza prefrontal, por su parte, está relacionada con la regulación emocional y la toma de decisiones en base a ellas.

La neurociencia también ha revelado hasta qué punto las emociones son pura química: sustancias como la serotonina, la dopamina y la noradrenalina son neurotransmisores (algo así como la gasolina de los coches), que desempeñan un papel crucial en la expresión de las emociones. Por eso, un desequilibrio hormonal puede inducir un determinado estado de ánimo al margen de las circunstancias externas.

---

[4] De hecho, la palabra «amígdala» significa «almendra» en griego, de ahí su nombre.

El triángulo pensamientos–acciones–emociones

Las respuestas emocionales que nuestro sistema nervioso elabora no funcionan de forma aislada: se entrelazan con el resto de las dinámicas mentales, de forma que influyen en las creencias y pensamientos que tenemos, y a su vez nos llevan a realizar determinadas acciones. De la misma forma, estas acciones y estos pensamientos condicionan determinadas emociones. Estos tres elementos forman un triángulo cuyos tres vértices están en continua retroalimentación:

- **Pensamientos:** Son los procesos cognitivos que suceden a toda la información que vamos recibiendo del exterior. Esos procesos cognitivos desembocan en aprendizajes, recuerdos, ideas, memoria de trabajo, hábitos, juicios y prejuicios, creencias, etc.

- **Emociones:** Ya hemos dicho que son las respuestas subjetivas que experimentamos en relación con los estímulos y su interpretación: tristeza, felicidad, ira, sorpresa, asco, alegría, amor, etc. Los estímulos que nos llegan por los sentidos pueden provocar emociones muy distintas en función de cómo sean considerados o interpretados por el cerebro. Ya hemos mencionado el ejemplo de la lluvia: las emociones son las que nos ayudan a entender qué nos supone la lluvia en términos de beneficios o inconvenientes.

- **Acciones:** Son nuestro comportamiento activo, es decir, las conductas que llevamos a cabo de forma consciente y voluntaria como respuesta a nuestras emociones y pensamientos. Las acciones no solo incluyen actos físicos sino también la comunicación verbal que realizamos de forma consciente.

Ahora imaginemos que tenemos una creencia muy arraigada sobre el peligro que supone para nosotros hablar en público (tenemos pánico escénico). Aunque racionalmente sepamos que no constituye un peligro real para nuestra supervivencia (nadie muere por el hecho de sentir pánico escénico), nuestro cerebro primitivo[5] considera que hablar en público es un acto arriesgado, por lo que, cada vez que nos enfrentamos a ello, desencadena una serie de emociones incómodas y desagradables para evitar que hablemos en público y así «ponernos a salvo».

Pongamos que, pese a ello, poco a poco nos enfrentamos a nuestro pánico escénico, nos

____

[5] Llamamos «cerebro primitivo» a nuestra parte mental que solo mira por nuestra seguridad y supervivencia, sin tener en cuenta convenciones sociales ni circunstancias que no influyan en mantenernos con vida.

exponemos a hablar en público y un día incluso lo hacemos realmente bien. A lo largo de ese proceso, nuestras emociones habrán cambiado: con nuestros actos, habremos creado «pruebas» de que podemos hablar en público sin peligro para nuestra supervivencia, y nuestra arraigada creencia sobre lo imposible que es para nosotros finalmente empezará a desaparecer. En este caso, pensamientos, acciones y emociones han seguido un proceso conjunto para deshacer un fenómeno que ellos mismos habían creado tiempo atrás al generar ese pánico escénico.

Un pensamiento distorsionado, una creencia irracional, pueden conducirnos a sentir emociones que son totalmente reales, pero que responden a un peligro que no lo es. Esas emociones alimentan ese mismo pensamiento y todo ello aleja la acción que, a la larga, nos beneficiaría. Este es el caso, por ejemplo, de los ataques de pánico o crisis de ansiedad. Si entendemos que todo forma parte de un circuito donde a veces creencia y realidad no son lo mismo, podremos empezar a entender mejor los mensajes que nos envía nuestro sistema nervioso. Si controlamos las respuestas a esos mensajes, controlamos acciones y creencias, y ello hace cambiar nuestras emociones.

La incomodidad neuronal

Vamos a ver otro ejemplo de cómo funciona ese triángulo de pensamientos, emociones y acciones. Este está basado en la llamada «incomodidad neuronal» y es muy ilustrativo de cómo nuestras emociones pueden alimentar pensamientos erróneos y acciones inadecuadas, y al revés. Para empezar, ¿sabes qué es la incomodidad neuronal?

La incomodidad neuronal es la resistencia mental a la ejecución de una tarea que no nos gusta o que percibimos como pesada, inútil o incómoda. Es algo así como una visita inesperada que aparece justo cuando ya salíamos de casa con prisas y que empeora la situación.

Esa incomodidad neuronal se manifiesta con emociones que sugieren no hacer algo, y es frecuente que nos «visite» cada vez que tengamos tareas que nos ponen de mal humor o nos dan pereza: en el momento de tomar una decisión importante, de hacer una llamada difícil, etc.

¿Por qué aparece la incomodidad neuronal? Ya hemos dicho que nuestro cerebro primitivo, cuando se trata de protegernos, no tiene reparo en enviarnos emociones incómodas para hacernos reaccionar. Eso también es así cuando considera que vamos a «perder tiempo y energía» en acciones que percibe como inútiles. Todo ello es una buena noticia, porque significa que nuestro sistema de auto protección funciona. La mala noticia es que hay que saber cuándo el cerebro nos está engañando.

¿Qué hacer ante la incomodidad neuronal? Los experimentos en este aspecto demuestran que, si aceptamos esa incomodidad sin rendimos a ella, es decir, si abordamos la tarea «conflictiva» aún con incomodidad, todas esas emociones desagradables ligadas a ella (mal humor, rabia, frustración, ansiedad, etc.), desaparecen al momento. Y, como el cerebro también tiene memoria emocional, la incomodidad neuronal hacia esas situaciones será cada vez menor a lo largo del tiempo.

Con esto habremos conseguido:

- Aceptar y entender nuestras emociones ligadas a la perspectiva de x tarea ingrata.

- Pasar de actuar contra nuestros intereses (no hacer las tareas que sabemos que debemos hacer), a aprender a actuar aún con un ejército de emociones instándonos a lo contrario.

- Cambiar nuestras futuras emociones y pensamientos ligados a esa tarea, con lo que cada vez nos resultará más sencillo hacerla.

Hemos logrado modificar el curso «natural» del triángulo. Eso demuestra que el triángulo pensamientos–emociones–acciones se puede modificar conscientemente. Eso sí: no esperes que la incomodidad neuronal desaparezca enseguida si siempre ha estado allí ante ciertas tareas. Y eso es aplicable en cualquier situación que nos provoque pereza, nerviosismo, aburrimiento, etc.: ir al gimnasio, limpiar la casa, estudiar para el examen, resolver un asunto que nos agobia, hacer esa llamada incómoda, ir al dentista, ducharnos con agua fría, hacer la dieta recomendada por el médico, etc. Solo cuando hayamos repetido esa acción o hábito muchas veces con actitud de aceptación de nuestra propia resistencia, será cuando nuestro cerebro deje de sabotearnos.

Una forma de guiar y entrenar las propias emociones para que no nos saboteen en el peor momento es practicar actividades incómodas. Y no como método de auto castigo, sino como entrenamiento.

Resumen del capítulo 2

– El sistema nervioso es el encargado de recibir la información, interpretarla y elaborar respuestas de acuerdo a ella.

– Este proceso de gestión de la información da lugar a un circuito cerrado en forma de triángulo entre pensamientos, emociones, acciones.

– Si controlamos ese triángulo, viviremos como queremos y merecemos vivir, pase lo que pase.

– Cada vez que continuamos realizando una tarea a pesar de la incomodidad neuronal, le mostramos a nuestro cerebro los beneficios de haberlo hecho. Nuestro cerebro entiende entonces que los beneficios superan a los posibles problemas, por lo que cada vez nos costará menos hacerlo.

Aceptando que somos seres emocionales

«No tengas miedo de tus miedos. No están ahí para asustar. Están ahí para hacerte saber que algo vale la pena».

— Joy Bell.

Lo primero que debemos entender para aprender a lidiar con nuestras emociones es que no podemos rechazarlas. Todas nuestras emociones son válidas, por desagradables que sean o por mucho que nos perjudiquen en un momento dado.

Las emociones van ligadas a la propia condición humana, lo que significa que no podemos no sentirlas, como tampoco podemos no sonreír nunca o no sentir jamás hambre o sed.

Si forman parte de nuestra existencia, ¿por qué las rechazamos?

Ya lo he apuntado en la introducción: de alguna forma, hemos sido inducidos a ello desde niños para evitar que se «descontrolen» y «rompan» nuestro equilibrio. Aunque, mientras vivamos, no podemos no romper ese equilibrio: con cada nueva etapa vital, con cada nueva experiencia, con cada enfermedad, cada problema, cada fracaso o éxito estamos rompiendo el equilibrio. Y ya no digamos cuando nos enamoramos, cuando muere un ser querido o cuando nos traicionan.

Así que está bien estar abrumado emocionalmente de vez en cuando. Está bien sentir ira, celos, impotencia, tristeza, culpa o vergüenza. Y está bien sentir una alegría tan grande que nos dé ganas de saltar y gritar.

Si tus emociones te confunden, te avergüenzan o te provocan incomodidad, pregúntate:

- ¿Por qué creo que sentirme así es malo o vergonzoso?

- ¿Cómo se supone que debería sentirme?

- ¿Qué tendría que pasar o haber pasado para que yo no sintiera esa incomodidad?

En muchos casos, la incomodidad por las propias emociones viene de experiencias pasadas: cuando nos reprimían en la escuela, cuando, en el proceso de aprender a manejarlas, tuvimos comportamientos inapropiados, cuando descubrimos que las emociones podían «engañarnos» (en realidad, son las creencias asociadas a ellas las que engañan), y desde entonces desconfiamos de nuestras propias emociones...

Concretamente, a día de hoy aún me encuentro a muchos hombres con problemas para aceptar su parte emocional. Les hace sentir débiles, vulnerables, poco inteligentes... «Un hombre no debe sentir miedo», creen. Cuando, en realidad, es lo contrario. El sistema emocional es, en muchos casos, lo que nos mantiene vivos e integrados en sociedad.

Ser «demasiado emocional»

En mi trabajo, con frecuencia atiendo a hombres que se quejan de que sus parejas o mujeres de su entorno son «inestables», muy intensas o difíciles de entender sentimentalmente. De la misma forma, escucho a muchas mujeres que se avergüenzan de «sentir demasiado» o de «ser montañas rusas emocionales». Entiendo la incomodidad o los inconvenientes que eso puede generar, pero de ningún modo eso es culpa de las propias mujeres.

Muchas de las desavenencias entre hombres y mujeres en el plano emocional derivan de las propias diferencias entre nuestros sistemas límbicos [6], que son los vinculados a la manifestación de emociones. A eso hay que añadir la acción de las hormonas sexuales en muchas etapas de la vida de las mujeres que no tienen correspondencia en la de los varones: los ciclos menstruales, el embarazo o el posparto, por poner los ejemplos más conocidos, conllevan reajustes que son *naturales* (es decir, que son normales desde el punto de vista fisiológico e inevitables), y que se traducen en los «cambios de humor» de los que las mujeres son las primeras víctimas.

A eso debemos sumar factores culturales e históricos: seguimos viviendo en sociedades patriarcales en las que los hombres pueden focalizarse en su trabajo, mientras que a las mujeres se les exige cumplir con altas expectativas en muchos campos a la vez: el trabajo, la familia, la crianza de los hijos, la casa,

---

[6] No pretendo limitar la realidad al binomio hombre-mujer, sino exponer lo que encuentro en mi profesión cuando se abordan problemas en las relaciones de pareja heterosexuales.

las convenciones sociales, la presión de los cánones de belleza, el cuidado de mayores, etc.

Por si todo eso no fuera suficiente a la hora de crear diferencias, incluso en contextos de plena igualdad, hombres y mujeres tienen formas distintas de sentir: la mayoría de los estudios defienden que, de media, las mujeres tienden a ser más empáticas que los hombres. Esto significa que son más sensibles a las emociones de los demás y, de forma natural, están más dispuestas a solidarizarse y a «cargar» con emociones generadas por el sufrimiento y los problemas de otros[7].

Todo ello provoca que muchas mujeres se consideren «más emocionales» que los hombres. Pero ello no convierte a los hombres en individuos superiores por el hecho de «sentir

---

[7] Aquí hablo en términos generales. Seguro que tú conoces el caso de una mujer que vive sin un solo problema emocional y que incluso usa su género para aprovecharse de los hombres. Las hay, pero créeme: por cada mujer que hace esto, hay veinte hombres haciendo lo contrario.

menos» o ser menos empáticos. De hecho, desde la antropología se defiende que lo que nos hizo evolucionar como especie fue precisamente la predisposición a la colaboración y la solidaridad desde la empatía.

¿En qué momento se empezó a presentar como «apropiada» la forma de sentir de los hombres e «inadecuada», la de las mujeres? Lo ignoro, pero mientras se siga considerando «adecuada» la forma de sentir de los varones e «inadecuada» la de las mujeres, el sufrimiento y los desencuentros están asegurados.

Emociones «femeninas» vs. «masculinas»

Si no ves claro este punto, voy a mostrarte un ejemplo de cómo se aceptan las emociones en contextos típicamente masculinos, en contraste a cómo se rechazan en contextos femeninos.

En muchos países están normalizadas las emociones masculinas asociadas a los eventos deportivos. Es difícil que un hombre se avergüence de «sentir demasiado» el día que su equipo de fútbol juega una gran final. Se acepta que esos hombres se emocionen, griten, se frustren, etc. Sin embargo, que una mujer llore y se entristezca por una desgracia que ha ocurrido a miles de quilómetros es visto como un signo de debilidad o de inmadurez: se menosprecia sus sentimientos porque «ya sabemos que el mundo es así» o «eso pasa todos los días y no hay que llorar por eso». ¿Por qué es inmadurez tener empatía por la desgracia de otra persona, pero no es inmadurez berrear de euforia porque un chaval al que no conocemos de nada marque un tanto en un partido de fútbol? No tiene ningún sentido.

«La verdadera felicidad proviene de vivir auténticamente y permitir que nuestras emociones fluyan sin juicio».

— Carl Rogers)

La conclusión es que hombres y mujeres tienen formas distintas de sentir. Invalidar, ignorar o juzgar las emociones del otro género no solo es injusto: es completamente inútil. En vez de eso, hagamos un esfuerzo por empatizar más con la forma de sentir de la gente que nos rodea.

Tus galletas son para quien las sepa apreciar

Este es otro tema. Yo soy un firme defensor de no ocultar las emociones. Sin embargo, no todos los momentos son óptimos ni todo el mundo es adecuado para compartirlas. Te lo explico con una metáfora.

Imagina que has cocinado unas fabulosas galletas de chocolate. Para enfriarlas, las dejas en la ventana sobre una bandeja (antes se hacía así en los pueblos). Como tu ventana está al nivel de la calle, el olor que desprenden tus galletas llega a la gente que pasa por allí. Atraídas por el olor, varias personas se acercan a tus galletas. ¿Con qué intención? Pues algunas personas necesitan comparar tus galletas con las que hacen en su casa. Otras, solo buscan la manera de robártelas. Otras personas quedarán tan impresionadas que querrán conocer al autor de esa maravilla y, quizás, compartir un rato de charla o trucos sobre pastelería. Y alguien se enamorará de tus galletas y te ofrecerá reunirlas con sus croissants.

Bien, esas galletas son las emociones. Y las emociones, como el olor de las galletas, atraen a la gente. Es algo instintivo. Pero, como ves, no todo el mundo tiene buenas intenciones cuando se acerca a las galletas de los demás. Así que sé prevenido y no expongas tus emociones al primero que pase.

Visto esto, ¿no sería más seguro no mostrarlas nunca? La verdad es que no: primero, porque ya hemos dicho que es imposible, y segundo, porque nos deshumaniza.

No sentir o no mostrar sentimientos no es la solución: la gente maravillosa que va a querernos, la gente que nos aprecia, espera compartir con nosotros nuestra parte más emocional. De hecho, es imposible amar a alguien si no se puede acceder a sus emociones. Lo único que debemos hacer es no regalárselas a cualquiera sin saber si las va a usar debidamente.

Aceptarnos aquí y ahora

Auto aceptarnos significa reconocer que somos vulnerables e imperfectos y, aún así, dignos de vivir con amor, independientemente de si a los demás les parece bien o de los errores que hayamos cometido.

Aceptar nuestra parte emocional es el paso previo para alcanzar el bienestar, e implica aceptar las emociones que nos provoca nuestro físico, nuestro pasado, nuestros errores y nuestras limitaciones. Aceptar cada una de esas cosas, como siempre digo, no significa estar feliz con ello, ni estar de acuerdo, ni que nos apasione o estemos encantados de la vida de tener esa circunstancia: significa que eso es lo que hay y es así. Si me da terror viajar en avión, debo aceptar que este hecho, ahora mismo, es así. Si me da vergüenza mostrarme ante alguien desnudo, debo aceptar que hay una serie de aspectos de mi cuerpo que me hacen sentir muy incómodo. Las emociones que me genera solo significan que nuestras creencias sobre cómo debería ser la realidad y cómo es verdaderamente nuestra realidad están en desacuerdo.

Cuantas más cosas aceptemos de nosotros mismos y del entorno (insisto: «aceptar» no es estar encantados con ello), menos reacciones negativas sufriremos, menos energía gastaremos en soportar la «vergüenza» de sentir eso, y más predispuestos estaremos para el cambio.

¿Sabes qué sueles sentir?

¿Eres consciente de cuáles son tus emociones más frecuentes? ¿Sabrías decir en qué intensidad sientes tristeza, rencor o esperanza?

Te propongo que escribas una lista de las emociones que conozcas, o aproveches la que hay en el primer capítulo. Durante la próxima semana, te propongo que pongas una señal en cada emoción que sientas, cada vez que la sientas. Si puedes, añade un breve comentario sobre cuándo la has sentido, qué estabas haciendo en el momento que esa emoción te ha surgido y por qué crees que has sentido eso y no otra cosa. Si esa emoción te ha avergonzado, reflexiona sobre por qué y qué debería de haber pasado para que no te sintieras así.

Con el tiempo, aprenderás a aceptar todas las emociones por igual y te darás cuenta de que las emociones que antes considerabas negativas, ahora ya no te parecen tan amenazantes o tan ridículas. A medida que reflexiones sobre ellas y compruebes cuándo suelen aparecer, te parecerán todas mucho más lógicas y mucho más útiles; y tú ya no te verás como un ser emocional sin control.

Resumen del capítulo 3

- Todas nuestras emociones son válidas.

- La educación tradicional insta a esconder las emociones, por lo que la mayoría de nosotros no estamos entrenados en la gestión de las propias emociones.

- En general, hombres y mujeres tenemos formas distintas de sentir. Invalidar las del otro sexo no solo es injusto, también es un error.

- No todo el mundo merece que compartas tus emociones con ellos o ellas: tus emociones son para quien las sepa apreciar.

Cómo trabajar las emociones

*«No se trata de borrar las emociones negativas,
sino de reducir su intensidad».*

— Jonathan García-Allen.

Ya hemos visto que sentir emociones es parte de nuestra condición como seres humanos, y que la función de las emociones es adaptativa. También hemos visto que forman parte de un sistema que puede viciarse si no somos capaces de regularlo. En este capítulo veremos cómo y por qué regular las emociones. Para empezar, vamos a hablar de inteligencia emocional.

¿Qué es la inteligencia emocional?

La inteligencia emocional es la habilidad para entender y modular las emociones para evitar que nos esclavicen o que nos lleven a creencias irreales. La inteligencia emocional va ligada a no ignorar las llamadas a la acción y a no eludir responsabilidades para con nuestras propias emociones. En palabras de Daniel Goleman[8]:

«La inteligencia emocional no es solo el conocimiento de las emociones, sino también la habilidad para manejarlas».

Fue el psicólogo Wayne Payne quien usó por primera vez la expresión «inteligencia emocional»[9] para referirse a esta habilidad de atender correctamente a las propias emociones, aunque otros investigadores ya habían apuntado con anterioridad la importancia de incluir la parte emocional a la hora de valorar las aptitudes de una persona.

---

[8] Daniel Goleman es un psicólogo estadounidense que se hizo famoso a raíz de publicar el libro *Emotional Intelligence* en 1995.

[9] Lo hizo en su tesis doctoral *Un estudio de las emociones: el desarrollo de la inteligencia emocional* (1985), que se considera pionero en este campo de investigación.

La inteligencia emocional es la capacidad de reconocer nuestras emociones y las de los demás; diferenciarlas unas de otras; usarlas como información para conocer, aprender y pensar; y adecuar todas esas emociones a cada ambiente o situación. Digamos que, si la pastelería se basa en la correcta gestión de los ingredientes para hacer tartas, la inteligencia emocional se basa en la correcta gestión de las emociones para obtener resultados adecuados en términos de salud física, mental y social.

Gestionar las emociones no significa ahogarlas, reprimirlas o distorsionarlas. Significa aprovechar su potencial. Del mismo modo que en la pastelería, los ingredientes se manipulan para aprovechar su potencial y obtener tartas, la inteligencia emocional hace lo mismo con las emociones.

¿Por qué es tan importante saber regular las emociones? Hay muchos motivos, pero aquí te dejo uno tan importante como ignorado: lo que tú no seas capaz de controlar de ti mismo queda expuesto a que otros lo controlen. Y si otros lo controlan, créeme: nunca serás el primer beneficiado.

Expresar correctamente las emociones

En muchos casos, la sobrecarga emocional que sufrimos proviene de no saber expresar bien las necesidades emocionales a la gente de nuestro entorno, o de no saber responder adecuadamente a las de los demás. Es nuestra responsabilidad saber comunicarnos, así que hay que aprender a hacerlo. Si tú sientes que tienes dificultades en este campo, no está de más atender a estos pasos:

1. Cuando nos disponemos a comunicar algo con carga emocional, debemos saber antes qué emociones nos ha generado. Por ejemplo: ¿qué emociones nos genera que nuestra pareja no haya cumplido una promesa que nos hizo?

2. Antes de abordar la conversación, debemos saber qué queremos que entienda la otra persona: ¿Queremos transmitirle que estamos dolidos y esperamos una reparación? ¿O que la pérdida de confianza ya es irreparable y hemos decidido no seguir en esta relación? ¿Qué nos gustaría que hiciera esa persona después?

3. En el momento de expresarnos, debemos usar un tono de voz firme pero no agresivo, hablar sin rodeos y no dar más explicaciones de la cuenta. También debemos encontrar un momento propicio.

4. Hay que empezar a hablar desde el «yo», no desde el tú ni la acusación: «Yo me siento muy dolido y sorprendido por el hecho que no hayas cumplido tu promesa». Para demostrar que estamos dolidos no necesitamos gritar ni insultar: si a esa persona le importamos, escuchará. Si no le importamos, no nos escuchará, o peor: nos manipulará o pasará al contraataque.

5. No hay que sacar otros temas ni atacar la forma de ser de la otra persona. Tampoco hay que manipularla para que se sienta culpable ni convencerla de que «tenemos toda la razón». Solo se trata de comunicar y esperar la respuesta del otro. Algo así como: «Me gustaría entender por qué no se cumplió la promesa y cómo podemos ser más responsables con nuestros compromisos en el futuro».

Esta forma de comunicar emociones se basa en la asertividad, que es la habilidad y el derecho a manifestar nuestros pensamientos, emociones y necesidades sin ser invalidados por ello.

Cuando comunicamos de forma asertiva, no incentivamos el conflicto. A partir de ahí, la otra persona debe escuchar y responder sin invalidar: en caso contrario, hay que contemplar la posibilidad de que a esa persona no le importen nuestros sentimientos.

Te dejo algunos ejemplos de cómo hemos pautado expresar emociones con algunos de mis clientes:

- No estoy de acuerdo con la forma en que me tratas. Me siento frustrado por ello. Me gustaría que pudiéramos tener una comunicación más respetuosa. Espero que lo entiendas.

- Me siento triste porque no has respondido a mis llamadas. Sé que no tienes tiempo, pero siento que no estoy entre tus prioridades. Si es así, te pido que me l digas.

- Estoy preocupado por el proyecto que tenemos que terminar. Tengo miedo de que no lleguemos a tiempo. ¿Podríamos discutir opciones y asignar tareas de forma más clara?

- Me siento muy feliz por algo que he logrado. Quiero compartir contigo mi alegría y darte las gracias por tu apoyo durante el proceso. ¿Cómo puedo mostrarte mi agradecimiento?

La escucha activa

De la misma forma que debemos aprender a hablar de forma responsable emocionalmente, debemos aprender a escuchar. Ello pasa por mostrar una actitud respetuosa, mostrarnos colaborativos (aunque no estemos de acuerdo), expresar que hemos entendido su punto de vista (si es el caso), y predisponernos a buscar una solución que no pase por decirle al otro «lo que tiene que hacer», o enfadarnos. En resumen:

- Escuchar lo que dice la otra persona en vez de pensar qué vamos a contestar mientras habla.

- No interrumpir.

- No buscar estrategias para no darle la razón (lo correcto es darle la razón a alguien cuando la lleva).

- No ponernos a la defensiva: no hay razón si la otra persona no está atacando. Y si ataca o es irrespetuosa, es mejor marcharnos del lugar.

- Practicar la empatía, tratando de entender cómo se puede sentir la otra persona.

- Hacer preguntas abiertas y demostrar interés genuino por encontrar una solución.

- No invalidar sus emociones.

Escuchar activamente no quiere decir que no podamos mostrar desacuerdo. Significa asumir responsabilidad en los conflictos y tener respeto por las emociones de los demás.

Cómo decir «no»

Ya hemos dicho que ni la escucha activa ni la actitud respetuosa implican estar de acuerdo con la otra persona. A veces, debemos negarnos a propuestas, peticiones o soluciones a conflictos con los que no estemos de conformes: ¿Cómo se dice «no» cuando hay carga emocional?

1. Antes de hablar, hay que asegurarse de entender la petición y lo que implica. Si no

entendemos algo, debemos poder preguntar sin miedo. Si la petición es deshonesta, abusiva o injusta, no debemos ofendernos por ello: siempre es mejor un «no» impasible que una larga discusión sobre lo inadecuado de la petición.

2. Antes de expresar esa negativa, hacer un ejercicio mental: ¿por qué nos negamos? ¿es una negativa honesta o lleva implícito rencor, desafío, etc., por nuestra parte? ¿Cambiaría nuestro «no» si se modificaran algunas condiciones de esa propuesta?

3. Cuando tengamos claros nuestros motivos para el «no», debemos evaluar cuáles de ellos compartimos con la otra persona. Ser sincero no siempre pasa por dar explicaciones que no tocan o justificarnos en exceso.

4. Con eso en mente, hay que anunciar nuestra decisión de negarnos sin miedo: «He estado pensando sobre tu propuesta, pero me he declinado por no aceptar por x motivo», o «Entiendo lo que dices, pero creo que eso no

va conmigo / no me va bien ahora / no me gusta / no estoy preparado». Cuando lo hagas, recuerda que no debes convencer a la otra persona de tus motivos. Tu único objetivo es comunicar el «no». Cómo reaccione la otra persona no es tu responsabilidad.

5. Si es apropiado, ofrece alternativas o negocia. Si abres un espacio a la negociación, deja claro que la respuesta a la propuesta inicial es «no». La negociación es sobre otras opciones, no una pura manipulación con chantajes hasta que aceptes la propuesta inicial.

6. Si no hay aceptación por su parte, enrócate en tu «no». Por ejemplo: «Como te comentaba, ya he decidido sobre este punto, y no puedo ayudarte / no soy la persona que buscas / realmente no me apetece / he dejado claro que no quiero hacer eso». Si insiste: «Me molesta que insistas en este punto. Siento que quieres convencerme sin respetar ni mi punto

de vista ni mi libertad de elección. Te pido que respetes mi «no».

7. No acuses a la otra persona de querer manipularte, coaccionarte, etc., aunque sea así. ¿Por qué? Porque si lo haces, la otra persona lo negará, te acusará a ti y la discusión derivará en que tú tendrás que justificar tus palabras en vez de centrarte en dejar claro tu «no». No pongas el foco en sus palabras: ignora la amenaza (solo ante esa persona, luego reflexionarás sobre ello), y sigue con tu «no» tranquilo.

8. Cuando consideres que está claramente expresada tu postura, prepárate para dejar la conversación y no volver a ella.

Si el desacuerdo deriva en conflicto...

¿Qué pasa si la otra persona no reacciona como esperamos? ¿Qué pasa si no hay acuerdo?

Debemos asumir que no podemos controlar los actos, pensamientos ni sentimientos de los demás, pero sí podemos (¡debemos!) elegir cómo actuamos y respondemos nosotros. En casos donde no hay actitud de concordia, una correcta gestión de la situación pasa por:

- Mantener la calma: No dejarnos llevar por la provocación o las faltas de respeto. Debemos centrarnos en nuestro bienestar y objetivo. Un truco es hablar en voz baja y lentamente a pesar de los gritos de la otra persona.

- No cambiar de opinión ni ceder para «evitar mayores conflictos». Si al inicio de la discusión creíamos que algo era injusto, debemos seguir en esa posición.

- Autoafirmar mentalmente nuestro derecho al respeto: Nuestros sentimientos son válidos y legítimos, al margen de lo que te digan.

- Anunciar límites y consecuencias. Por ejemplo: «No tolero este trato. Si continúas con las faltas de respeto, entenderé que eliges hacerlo y no te interesa buscar una solución».

- Si la otra persona no muestra intención de resolver el conflicto, marcharnos del lugar suele ser la mejor opción.

- Buscar apoyo o pruebas: Si la falta de respeto o invalidación es constante en una relación, es buena idea buscar a alguien de confianza o a un profesional de la salud mental para recibir su punto de vista y apoyo. Si la falta de respeto pasa por negar la evidencia, no está de más recoger pruebas.

- Evalúa tus opciones: Dependiendo de la gravedad de la situación, debes considerar salidas. Recuerda que, al contemplar tus opciones, nunca debes ir en contra de tu dignidad e integridad personal.

¿Por qué insisto tanto en estos puntos? Porque una gran parte de nuestro malestar emocional proviene de situaciones en que actuamos en contra de nuestra integridad o nuestra dignidad, por ejemplo, para evitar mayores conflictos o para conseguir la aprobación de alguien. Es ahí donde nuestro cerebro primitivo se rebela y nos envía malestar para que reaccionemos.

Tus derechos emocionales

Hay un montón de situaciones sociales que nos producen una profunda sensación de injusticia. Y así como nuestra integridad física está reconocida por las leyes de la mayoría de los países, nuestros derechos psicológicos se sitúan en terrenos más abstractos o, directamente, no se reconocen.

Por eso, es importante saber qué derechos tenemos a la hora de defender nuestra integridad emocional. En este sentido, ya hace años que se conocen y reconocen los 17 derechos asertivos de la doctora Olga Castanyer[10]. Son los siguientes:

---

[10] Olga Castanyer es psicóloga especializada en temas de autoestima, derechos emocionales y asertividad. Es autora, entre otros, del *bestseller Asertividad. Expresión de una sana autoestima.*

1. Derecho a ser tratado con respeto y dignidad.

2. Derecho de tener y expresar los propios sentimientos y opiniones.

3. Derecho a ser escuchado y tomado en serio.

4. Derecho a juzgar mis necesidades, establecer mis prioridades y tomar mis propias decisiones.

5. Derecho a decir «NO» sin sentir culpa.

6. Derecho a pedir lo que quiero, dándome cuenta de que también mi interlocutor tiene derecho a decir «no».

7. Derecho a cambiar.

8. Derecho a cometer errores.

9. Derecho a pedir información y ser informado.

10. Derecho a obtener aquello por lo que pagué.

11. Derecho a decidir no ser asertivo (sin faltar al respeto a los demás).

12. Derecho a ser independiente.

13. Derecho a decidir qué hacer con mis propiedades, cuerpo, tiempo, etc., mientras no se violen los derechos de otras personas.

14. Derecho a tener éxito.

15. Derecho a gozar y disfrutar.

16. Derecho al descanso y aislamiento.

17. Derecho a superarme, aún superando a los demás.

Conocerlos no significa que se vayan a respetar (por desgracia, se pisan en todo momento): significa que la reacción lógica y natural de nuestro sistema nervioso cuando no se respetan es la del malestar emocional.

El secuestro del cerebro

La no regulación emocional continuada en el tiempo puede desembocar en la pérdida de la voluntad. Ya sea porque se reprimen las emociones a la espera de cierta «recompensa» o porque «no podemos con ellas», la falta de gestión emocional nos lleva al secuestro del cerebro. Entonces, dejamos de ser libres y de actuar conforme a nuestros intereses. Y ello suele desembocar en dinámicas como:

- Ansiedad (y ataques de pánico y TAG[11]).

- Depresión.

- Estrés y Trastorno de Estrés Post Traumático (TEPT).

- Trastorno de la Conducta Alimentaria (TCA).

- Trastornos del sueño.

- Trastornos de Síntomas Somáticos (TSS) o somatización.

- Hipocondría.

- Fobias (agorafobia, pánico a volar, etc.).

- Adicciones.

---

[11] Trastorno de Ansiedad Generalizada.

- Trastornos del control de impulsos (desde la oniomanía o compra compulsiva hasta la mentira patológica).

Cuando las emociones pierden su función protectora y adaptativa, o fomentan la autodestrucción, hay que actuar. En la mayoría de esos casos, es necesaria la intervención profesional y terapias muy concretas para reequilibrar la carga emocional.

Terapias de gestión emocional

Existen docenas de terapias y enfoques para trabajar las emociones, lo que indica que cada vez somos más conscientes de su importancia. A continuación, voy a mencionar las más usadas en el campo de la psicología clínica:

<u>Terapia de Regulación Emocional:</u>

Es un enfoque terapéutico que defiende las emociones como la clave para sanar nuestra mente. Esta terapia pone el foco en aprender a identificar y regular las emociones intensas y disfuncionales. El objetivo es entender por qué aparecen, perderles el miedo y modularlas para que no sean incapacitantes. ¿Cómo se hace esto?

- Entendiendo las propias emociones, y el cómo y el porqué de ellas.

- Perdiendo el miedo a las emociones estresantes.

- Trabajando la autoestima y la autoconfianza.

- Aprendiendo sobre resolución de conflictos, tanto con nosotros mismos como con los demás.

- Buscando modos de redirigir emociones vinculadas al pasado.

- Mejorando las habilidades comunicativas y sociales.

- Modulando las manifestaciones de ira, rabia, frustración, tristeza, etc.

<u>Terapia de Exposición:</u>

La terapia de exposición es un enfoque terapéutico basado en la emoción del miedo y utilizado para tratar trastornos de ansiedad, fobias y pánico. Esta terapia defiende que exponerse a los motivos de pánico o fobia de forma controlada ayuda a perderles el miedo.

En la terapia de exposición, se crea una escala de situaciones relacionados con el objeto del miedo o la ansiedad cada vez más amenazantes. Por ejemplo, en un caso de pánico a volar en avión, un primer escalón podría ser ver fotos de aeropuertos. A medida que se supera la ansiedad a ver esas fotos, se sube un escalón de la jerarquía de miedo hasta llegar a simulacros y visualizaciones. En este caso, el objetivo es que esa persona sea capaz de tomar un avión sin sufrir ataques de pánico.

El proceso de exposición va acompañado de técnicas de respiración y relajación, estrategias de distracción, reestructuración cognitiva de las creencias amenazantes, etc.

Terapia de Enfoque en la Emoción:

La Terapia de Enfoque en la Emoción (EFT por sus siglas en inglés, *Emotionally Focused Therapy*), se basa en la idea de que los conflictos en las relaciones afectivas surgen de las necesidades emocionales no satisfechas. Fue desarrollada por la doctora Sue Johnson [12] durante la primera década del 2000 y va orientada a relaciones afectivas, tanto de pareja como familiares.

En la terapia EFT, se identifican las emociones subyacentes y su origen. También se trabaja el apego y la empatía hacia las emociones del otro, y se buscan soluciones consensuadas que

---

[12] Sue Johnson es la fundadora y directora del International Centre for Excellence in Emotionally Focused Therapy, y la autora del bestseller Abrázame fuerte.

implican compromisos por ambas partes. Todo ello se hace fomentando:

- La confianza en el otro.

- El respeto a su independencia y libertad.

- La creación de vínculos seguros.

- La comunicación adecuada.

- La resolución de conflictos enquistados.

- La no proyección y transmisión de relaciones pasadas a la actual.

Existen otros enfoques (en realidad, la mayoría de las terapias en la psicología trabajan las emociones), como la Terapia Cognitiva-Conductual (TCC), la Terapia Centrada en Soluciones (CS), la Terapia Familiar Sistémica… En los próximos capítulos veremos la Terapia de Activación Conductual (BA, por sus siglas en inglés de *Behavioral Activation*) y la Terapia de Aceptación y Compromiso (ACT), que es un enfoque de tercera generación, entre otras.

Resumen del capítulo 4

– La inteligencia emocional es la capacidad de detectar, entender y guiar las emociones.

– La falta de habilidades a la hora de comunicarnos o defender nuestros intereses es una gran fuente de malestar emocional.

– Existen una serie de derechos emocionales que todos deberíamos conocer como, por ejemplo, el derecho a ser tratado con respeto, el derecho a decir «no», el derecho a buscar la propia felicidad, etc.

– El secuestro del cerebro se da cuando las emociones nos incapacitan para ser libres. Entonces aparecen los trastornos (de ansiedad, de control de impulsos, de la conducta alimentaria, etc.); las fobias y las adicciones.

– Existen muchas terapias orientadas a reequilibrar las emociones.

Educa tu forma de pensar

«La calidad de nuestros pensamientos determina la calidad de nuestra vida.»

— Brian Tracy.

Hay una ley de oro en el campo de la gestión emocional: Si educas tu forma de pensar, cambiarás tu forma de sentir.

Por nuestra mente transitan más de 60.000 pensamientos a diario; la mayoría de ellos son recurrentes y automáticos, por lo que pasan inadvertidos. Y, aunque no nos demos cuenta, esos pensamientos provocan emociones.

¡60.000 pensamientos diarios! ¿Cómo vamos a educar 60.000 pensamientos cada día, si encima ni siquiera somos conscientes de muchos de ellos porque son automáticos y casi inconscientes?

Pues porque no se trata del contenido de cada uno de esos pensamientos, sino de la dinámica que los ha generado. Solo si somos conscientes del tipo de pensamiento que generamos, podremos empezar a pensar de una forma distinta, y solo así podrán cambiar nuestras emociones para que sean eficaces en su cometido.

El problema –a parte de la cantidad de pensamientos que tenemos– es que nuestra «máquina de generar pensamientos» es heredera de muchos factores y vivencias acumulados durante décadas. Nuestra mentalidad es fruto de nuestra educación, nuestro ambiente, nuestros traumas del pasado y nuestro momento vital actual. Entre nuestros pensamientos se mezclan recuerdos con su consecuente carga emocional, creencias erróneas, ideas distorsionadas, aprendizajes, prejuicios, etc.

Por suerte, es posible hacer limpieza de nuestros pensamientos del mismo modo que hacemos limpieza de armario o de trastero. En este capítulo vamos a ver varias estrategias para llevar a cabo esa «limpieza mental».

Estrategia 1: Detección de pensamientos recurrentes inútiles

Muchos de nuestros pensamientos negativos son una completa pérdida de energía. Esta primera estrategia consiste en convertirnos en policías de tráfico de nuestros propios pensamientos y detectar los que no aportan nada, es decir, los que no tienen un fin adaptativo.

Cada vez que localicemos un pensamiento negativo «circulando», tendremos que pararlo y comprobar su «documentación». En caso de que ese pensamiento tenga una buena razón para circular, dejaremos que siga con nosotros. En caso contrario —en caso de que solo esté entorpeciendo la circulación, provocando malestar emocional por nada–, «multa». Esa multa puede ser apuntarlo en nuestra libreta o diario y escribir por qué creemos que lo tenemos, por ejemplo.

Para facilitarte la labor, debes saber que todos los pensamientos automáticos, distorsionados, viciados o no adaptativos suelen incluirse en uno de estos grupos:

- Autocrítica constante y auto mortificación con cada nuevo error.

- Preocupación por cosas del pasado que no podemos cambiar.

- Temor frecuente por el futuro en términos de «adivinación», es decir, «sabiendo» lo que va a ocurrir.

- Pensamiento catastrófico.

- Rencor recurrente que no va acompañado de búsqueda de reparación emocional.

- Rumiación de injusticias que están fuera de nuestro control.

- Comparación constante con los demás.

- Pensamiento dicotómico, es decir, en blanco o negro: o éxito total o fracaso, o válida o inútil, o conmigo o contra mí, etc.

- Desmerecimiento de lo positivo para evitar «relajar la guardia».

- Pensamientos de competición constantes.

- Pensamientos de victimización que solo buscan confirmar que hemos sido víctimas de algo, pero sin aportar cambios.

- Desconfianza constante en la gente que nos rodea.

- Auto sabotaje.

- Pensamientos arrogantes, de altivez o de condescendencia, tipo «desde luego, soy el único que trabaja aquí».

- Pensamientos rituales que llevan a hábitos extremadamente rígidos.

- Pensamientos limitantes basados en la tradición, la religión, un distorsionado sentido del deber, etc.

Todos tenemos pensamientos de este tipo. Pero si somos conscientes de ellos y les ponemos «multas», pronto esos pensamientos dejarán de ocupar tanto espacio en nuestra actividad mental y dejarán que afloren ideas y procesos cognitivos más útiles. Todo ello provocará que nuestro estado de ánimo pase del pesimismo, el conformismo o el sufrimiento constante a un mayor bienestar.

Estrategia 2: Ponte en lo peor

Los pensamientos son nuestra percepción de la realidad, pero muchas veces esa percepción está distorsionada y lleva implícitas emociones cuyo objetivo es «prevenirnos» de catástrofes y desgracias inminentes que, en realidad, ni son tan terribles ni son tan probables.

Ante eso, es buena idea hacer el ejercicio de atender a todos esos pensamientos de forma deliberada, en vez de tratar de «espantarlos» como moscas cuando aparecen. Lo que hacemos es, voluntariamente, ponernos en lo peor.

Pregúntate: «¿Qué es lo peor que puede pasar en esta situación?». Ve al fondo de la cuestión, recréate mentalmente en las consecuencias más terribles, incluso las menos probables, de que tu situación o decisión actual termine en un auténtico desastre. Apunta mentalmente o en tu diario cada detalle doloroso de esa hipotética desgracia. No busques motivos de alivio, busca solo ir hasta el fondo del pozo más negro.

Luego, pregúntate: «En esta situación límite, ¿hay peligro para mi supervivencia?», «Si eso sucediera, ¿sería tan grave?», «¿Me convertiría yo en la primera persona a quien le ocurriera eso?», «¿Cuántos de mis seres queridos dejarían de quererme por ello?».

Con este ejercicio, demostrarás a tu cerebro que tienes en cuenta sus preocupaciones y que, una vez analizadas, solo uno, dos o ninguno de esos temores tienen fundamento, por lo que hay que ajustar las señales de alerta a ellos.

Estrategia 3: Relativiza

A veces nos enfadamos y nos sentimos «injustamente tratados» por la vida ante cualquier contratiempo. «¿Por qué todo me pasa a mí?», «¿Es que nadie ve cómo estoy sufriendo con todos estos problemas?», nos preguntamos con actitud grave.

Esta técnica consiste en relativizar nuestras desgracias comparándolas con las de la gente que vive a nuestro alrededor. Si es necesario, hay que recordar que somos afortunados en relación a una enorme cantidad de gente que lidia a diario con problemas mucho peores: guerras, pobreza, enfermedades, violencia... ¿Cuánta gente en este mundo cambiaría sus problemas por los tuyos?

La técnica de relativizar consiste en puntuar tus emociones comparándolas con las que deberías sentir si ahora mismo vivieras esas desgracias. Por ejemplo: te has frustrado mucho porque no has recibido el envío que esperabas cuando tocaba o te han cancelado una reunión en el último momento (pongamos que te has frustrado un 7 en una escala del 0 al 10). Si eso es un 7, ¿qué intensidad de frustración tendrías si no supieras si tendrás trabajo mañana? ¿500 sobre 10? ¿Y si estuvieras en un campo de refugiados porque un bombardeo destruyó tu casa? ¿1.000 sobre 10?

Si no pudieras puntuar tus emociones más allá del 10, verías que tu frustración por la reunión que se ha cancelado es de 0,0001 en comparación con, por ejemplo, padecer una enfermedad degenerativa.

Con esto no quiero invalidar tus pensamientos ni tus emociones. A veces, un pequeño percance es suficiente para derrumbarnos. Lo que quiero es que no sufras de forma exagerada cuando lo que te ocurre no es tan grave para ti porque, Y ESTO ES LO IMPORTANTE: eres mucho más fuerte de lo que crees. No dejes que ciertas cosas te acobarden, ya has demostrado muchas veces que puedes con los desafíos.

Con este ejercicio verás que tus emociones empiezan a adecuarse a la gravedad real del problema y dejarán paso a sentimientos de gratitud por lo que tienes en la vida. Junto a ello, tendrás más fuerza para afrontar los problemas que verdaderamente te causan dolor.

Estrategia 4: Habla bien

Tu pensamiento se ve afectado por tu forma de comunicarte. Tus palabras, ya sean dirigidas a ti mismo o a los demás, influyen en tu estado de ánimo. En cualquier conversación, además, tus palabras también afectan a la forma en que la gente te responde, lo que puede generarte emociones de vuelta.

¿Te hablas bien? ¿Te diriges a los demás con respeto, lanzas críticas constructivas, gritas a menudo, te descalificas a ti mismo o a otros, insultas, das apoyo activo, mientes y manipulas...? ¿Cómo son tu discurso y tu lenguaje? Te propongo que los analices y chequees lo siguiente:

- Insultos.

- Tono alto, gritos.

- Sarcasmo, cinismo.

- Burlas (aunque digas que son «bromas»).

- Mentiras.

- Lenguaje discriminatorio por motivo de raza, sexo, estatus social, etc.

- Lenguaje despectivo por motivo de apariencia física o capacidades.

- Lenguaje despreciativo causado por envidia.

- Lenguaje violento, agresivo, desafiante, intimidatorio.

Te sugiero que apuntes en tu diario todas las expresiones irrespetuosas que detectes, ya sea porque las dices en voz alta o para tus adentros. A continuación, escribe a su lado una reflexión que cuestione o invalide la expresión negativa. Por ejemplo:

- *Este tío es imbécil.* → No entiendo por qué ese hombre hace eso. No veo sus motivos y eso me pone nervioso.

- *Soy idiota.* → He cometido un nuevo error. Averiguaré si es debido a mi cansancio, a que me falta información concreta o a que alguien me ha perjudicado, queriendo o sin querer.

- *Mira ese, qué bien vestido y arreglado va. Claro, como no tiene que trabajar...* → Siento envidia de otras personas y eso me perjudica aún más que el hecho de no tener lo que ellas. Pero mis circunstancias son distintas y no debo amargarme por lo que tienen los demás.

- *Los extranjeros no son de fiar.* → Mucha gente no es de fiar, extranjera o nacional.

Etiquetar a personas de las que no conozco la realidad ni la validez de sus acciones no tiene sentido. Debemos denunciar y perseguir los delitos, pero no las diferencias culturales.

- *¿Quieres ver lo que pasa si no haces esto?* → Estoy usando la intimidación y la amenaza en cubierta, y eso es violencia. Es urgente que encuentre otro modo de comunicarme.

El siguiente paso es tratar de introducir esas reflexiones en tu discurso mental cada vez que te descubras a ti mismo despotricando. Puede que al principio te cueste, pero a medida que lo practiques, tu mentalidad irá cambiando y te sentirás mucho menos violentado por tus propias emociones.

Estrategia 5: Filtrar las críticas

Es cierto que mucha gente critica con la intención de herir, invalidar o sabotear. Pero a menudo también recibimos críticas que llevan razón. Por eso es importante aprender a manejarlas. Y lo primero que hay que hacer es aceptar que siempre vamos a ser criticados por alguien, hagamos lo que hagamos. De hecho, cuantas más críticas recibas, mayor es la prueba de que te estás moviendo.

Así que te aconsejo escuchar las críticas y detectar las que sean acertadas: generalmente vienen de personas que saben del tema y que no te ven como una amenaza. Esas suelen ser las sinceras y las útiles.

Apunta todas las críticas que recibas en tu diario. Reflexiona sobre ellas, sobre cómo te hacen sentir al recibirlas y cómo te hacen sentir después, una vez analizadas. Con el tiempo, la emoción inmediata y la emoción tras haber reflexionado sobre la crítica se parecerán cada vez más y las críticas solo acabarán provocando dos únicas emociones posibles: indiferencia si la crítica busca desestabilizar, y gratitud si la crítica está en lo cierto y nos ayuda a crecer.

La defusión cognitiva

La defusión cognitiva es un método para cambiar nuestra relación con los pensamientos y creencias que nos provocan malestar. Su origen viene de «fusión», y consiste en tomar cada uno de esos pensamientos y distanciarnos de ellos hasta que no nos superen emocionalmente (dejar de estar fusionados a ellos, «de-fusionarnos» de ellos).

La defusión cognitiva nos permite ver los pensamientos incómodos o dolorosos como eventos mentales sin carga. Para ello, usa las siguientes estrategias:

- Repetición y desaceleración: Consiste en resumir el pensamiento angustiante en una frase y repetirla muchas veces y de forma cada vez más despacio hasta que nos suene vacía, como simples sonidos sin sentido. Por ejemplo: «Un hombre me agredió cuando yo tenía diecisiete años», o «Mi madre nunca me quiso», o «He perdido cinco años de mi vida por el alcohol», o «Mi pareja me dejó por otra persona y creo que esa persona es mejor que yo».

- Etiqueta de pensamientos: Consiste en etiquetar mentalmente los pensamientos perturbadores. Por ejemplo: «Pensamiento recurrente 1», «Pensamiento sin contrastar», «Pensamiento nuevo», «Especulación», «Opinión», «Posibilidad», etc.

- Canto: Integrar los pensamientos perturbadores como frases de una canción conocida y desenfadada para disminuir su carga emocional.

- Observación de los pensamientos como nubes pasajeras que se forman y desaparecen.

- Repetición de los pensamientos angustiantes en voz alta usando registros exagerados, ridículos, etc., con el fin de perderles el miedo y reducir su impacto emocional.

- Relacionar el pensamiento con un objeto y guardar ese objeto en un cajón (de forma real o imaginada), de forma que solo nosotros podemos liberarlo cuando queramos. Cuando sea el momento, tirar ese pensamiento-objeto a la basura o al mar, por ejemplo.

- Adoptar la estrategia del agradecimiento: Darle gracias a nuestro cerebro por cada pensamiento porque entendemos que solo trata de ayudarnos a entenderlo.

- Escribir los pensamientos en un papel y observarlos desde distintos puntos de vista, ya sea con distancia física hasta que nos cueste leerlos, escribirlos en otros idiomas, intercalar una palabra extraña en ellos...

El objetivo de todo ello no es ridiculizar nuestros pensamientos ni nuestros recuerdos traumáticos, sino desarmarlos para poder manejarlos sin que nos bloqueen.

La práctica del Mindfulness

Este método ha sido para mucha gente la herramienta definitiva en la gestión de sus emociones. Vamos a repasar en qué consiste:

El Mindfulness es un método de entrenamiento mental cuyo campo de actuación es el triángulo emociones–pensamientos–acciones. Mediante su práctica regular logramos vivir en conciencia y en consonancia con nosotros mismos, además de poner nuestro dolor y nuestro estrés bajo control. ¿Cómo lo hace? Controlando el espacio temporal que separa el estímulo de nuestra respuesta. Así lo resume Viktor Frankl[13]:

«Entre el estímulo y la respuesta hay un espacio. En ese espacio es donde podemos elegir nuestra respuesta. En nuestra respuesta reside nuestro crecimiento y nuestra libertad».

---

[13] Viktor Frankl fue un importante neurólogo y psiquiatra austríaco que sobrevivió a tres años de cautiverio en campos de concentración nazis. Su experiencia lo llevó a escribir *El hombre en busca de sentido*.

Pues bien, si ese espacio no existe porque nos devora la ira, reaccionamos con impulsividad o actuamos guiados por el miedo o los prejuicios, no somos libres. El Mindfulness trabaja para que ese espacio sea realmente de libertad de decisión. ¿Cómo? A través de la meditación, sobre todo: con ella entrenamos la mente para centrar la atención en el presente, asumirlo sin reaccionar de forma visceral y aceptar lo que nos genera.

Este no es un libro sobre Mindfulness (tengo uno específico sobre este tema en esta misma colección[14]), pero no está de más destacar que el Mindfulness es la prueba de que podemos «hablar» con nuestro sistema nervioso y guiar nuestros pensamientos, emociones y acciones para que no nos sobrepasen. Si aún no te has acercado a esta técnica milenaria (sí, lleva 2.500 años sobre la Tierra), ¡te sugiero que lo pruebes!

---

[14] El poder del mindfulness: *www.danieljmartin.es/books/pm*

Resumen del capítulo 5

- Si educas tu forma de pensar, cambiarás tu forma de sentir.

- Existen muchas estrategias para reestructurar los pensamientos inútiles, estresantes e invalidantes. El objetivo de todas ellas es liberarnos de la carga de tener que «atender» a una serie de pensamientos que no aportan nada y no son adaptativos.

- La defusión cognitiva es un método que busca cambiar nuestra relación con pensamientos y creencias que nos provocan malestar, permitiéndonos distanciarnos de ellos y verlos como eventos mentales sin carga emocional.

- El Mindfulness es un método de entrenamiento mental que busca reequilibrar la forma como reaccionamos a nuestros propios pensamientos.

Domina tus emociones huracanadas

«La emoción que puede destruirte es siempre la emoción desatendida».

— Jim Rohn.

¿Has sentido alguna vez unos celos abrasadores? ¿Ira? ¿Una ansiedad que no te dejaba respirar? Las emociones huracanadas no solo nos tiran al suelo, sino que a menudo nos llevan a realizar actos de los que luego nos arrepentimos. Y de la misma forma que debemos redirigir las emociones no adaptativas, debemos hacerlo también con las que aparecen como un tifón.

«Cuando digo controlar las emociones, quiero decir las emociones realmente estresantes e incapacitantes. Sentir emociones es lo que hace rica nuestra vida.»

— Daniel Goleman

Los 4 Jinetes del Apocalipsis Emocional: Ira, Envidia, Celos y Culpa

La ira, la envidia, los celos y la culpa son cuatro emociones que tienden a descontrolarse. Como ya hemos dicho, no son peligrosas en sí mismas (recordemos que las emociones no son buenas ni malas), pero sí nos ponen en peligro cuando actuamos o pensamos de una determinada manera inducidos por ellas. Que yo sienta envidia de mi hermana porque le va mejor que a mí, no es peligroso. Que esa envidia me lleve a creencias distorsionadas y a actuar en su contra, sí lo es.

Una cosa es aceptar que en ciertos momentos no podemos evitar sentir envidia, y otra cosa es actuar inadecuadamente para «dejar de sentir esa envidia».

Cómo calmar la envidia

De todas las emociones que he estudiado, la envidia me parece la más traicionera.

La envidia es la impotencia por no poseer algo que deseamos y que otras personas sí tienen. Solemos padecerla en silencio porque nos hace vulnerables: detrás de la envidia hay una autoestima herida y una visión infantil de la justicia. Bajo los efectos de la envidia pensamos: «¡no es justo que ese, con lo tonto que es, gane dinero más que yo!».

El problema de la envidia (además del mal rato que nos hace pasar) es que deja nuestra satisfacción en manos de lo que sucede a otra gente: nos frustramos cuando al vecino tonto le va bien y nos alegramos cuando le va mal. Dependemos de lo que le pase, ¡eso significa que le cedemos el control de nuestro propio bienestar!

Pero la envidia se puede amansar. Quizás nunca desaparezca, pero podemos hacer que sea menos agresiva. ¿Cómo? Analizándola:

- ¿Qué es lo que tanto nos molesta? ¿Es la carencia del objeto en sí, o es sentir que el otro no lo merece tanto como nosotros?

- ¿Por qué el otro no lo merece y nosotros sí?

- ¿Y por qué, si nosotros lo merecemos más, no lo tenemos? ¿De quién depende?

- ¿Hay algo que podamos hacer para obtener eso?

Si la respuesta a la última pregunta es un «sí», hay que ponerse a trabajar. Si la respuesta es un «no», hay que tratar la frustración como si fuera un duelo. Hay que aceptar que, aunque tal vez sí lo merecemos, el mundo no siempre actúa justamente. En este caso suele funcionar ofrecernos algo parecido, en sustitución de lo que no podemos tener.

En el momento en que empezamos a trabajar en ello, la envidia desaparece. Parece magia, pero no lo es: pruébalo y lo verás.

Los celos, una bestia sin cabeza

Aunque a menudo se confunden, celos y envidia no son lo mismo: la envidia es el deseo de algo que no se tiene, y los celos son el miedo a perder algo que sí se tiene (sentimos miedo a perder el amor de alguien).

Sienten celos los niños cuando ven que su mamá es cariñosa con su hermanito pequeño, los perros cuando su amo juega con otro animal y la mayoría de las personas cuando ven que su pareja tiene «demasiada» confianza con otra persona. Los celos son el miedo a que el otro descubra que hay *alguien mejor* a quien dar su amor y nos abandone.

Los celos hablan de nuestra forma de vivir el amor y de nuestro apego emocional. Para dominarlos, hay que:

- Entender que no podemos obligar a nadie a que nos quiera: El amor se da voluntariamente y en condiciones de libertad.

- Trabajar nuestra dependencia: ¿Qué pasa si un día perdemos el amor de esa persona? ¿Qué dice eso de nosotros? Si realmente eso nos hunde, ¿no será que hemos dejado nuestra capacidad de ser felices en manos de otros?

- Trabajar el trasfondo de los celos: ¿Son porque nos sentimos inferiores y nos aterra que la gente lo descubra? ¿Son porque, en el fondo, no creemos que podamos merecer amor? ¿Son porque arrastramos rencor y no somos capaces de fiarnos de nadie?

- Aceptar que nuestra pareja puede dejarnos por otra persona. Es así. Es doloroso y asusta, pero nadie es de nuestra propiedad. También nosotros somos libres de dejarla. Con esto no defiendo la falta de compromiso, los engaños o el egoísmo. Solo digo que nadie nos pertenece.

- Ver los celos como una fuerza ridícula porque, si alguien está con nosotros, es porque quiere. No hay que controlar, presionar, montar escenas. Mientras esa persona quiera estar a nuestro lado, no tiene sentido sentir celos porque son una falta de respeto a la relación. Y si esa persona decide engañarnos o marcharse, tampoco sirve de nada sentir celos porque no harán que la situación cambie.

Los celos no sirven absolutamente para nada. Si sospechamos o sentimos que esa persona nos engaña o que está buscando a otra persona, simplemente, debemos valorar qué nos conviene. Hay muchos peces en el mar.

El veneno de la culpa

La culpa es el malestar que sentimos por saber que, en cierta ocasión, actuamos mal cuando podríamos haber actuado bien. Y nadie puede estar en paz consigo mismo si lo está devorando la culpa.

La culpa también es una peligrosa arma de manipulación cuando ciertas personas la descubren. En relaciones de pareja tóxicas o en familias disfuncionales, es frecuente que uno de los miembros use la culpa del otro en beneficio propio. Incluso, es posible que induzca esa culpa. Entonces la culpa se convierte en el billete hacia el chantaje emocional.

En ambos casos, tanto si la culpa es personal como si es inducida y provocada, es contraria a nuestro bienestar emocional y no avanzaremos hasta que no la superemos. ¿Cómo se hace esto?

Es un proceso que puede plantearse en cinco fases:

1. Admitir nuestra responsabilidad sin «peros» ni atenuantes: Sí, hemos actuado mal y nos sentimos mal por ello.

2. Comprender por qué lo hicimos: No para justificar nada, sino para entender qué era lo que esperábamos conseguir con ese acto.

3. Pedir perdón a las personas que perjudicamos, con sinceridad y sin esperar nada a cambio. Tampoco vale decir: «Lo siento, pero yo soy así» o «Perdóname, aunque esto no habría pasado si tú no hubieras...».

4. Emprender todas las acciones posibles para tratar de reparar el daño causado.

5. Prometer no repetir ese acto, y cumplir la promesa.

A veces ocurre que, con todo ello, seguimos sintiendo culpa, o no nos perdonan, y eso nos hace sentir mal. Aún así, cuando ponemos todo por nuestra parte para reparar el daño, la culpa debe disminuir. De lo contrario, hay que pensar quién está interesado en que sigamos arrastrando esa culpa.

A veces cargamos con culpas inducidas, sin ser conscientes de que no fuimos nosotros los que actuamos mal, o de que alguien está usando ese error que cometimos para explotarnos. En estos casos debemos saber dónde termina nuestra responsabilidad. Y en la capacidad para determinar los límites de nuestra responsabilidad juega un papel básico la educación recibida, no solo en nuestro hogar sino también en la escuela y en nuestra sociedad: si nos educaron en la culpa, es más fácil que vivamos culpabilizados sin darnos cuenta.

Muchos expertos señalan a la Iglesia como una implacable máquina de generar culpa. Estoy de acuerdo con sus puntos de vista: cuando una religión insta a que nos sintamos culpables casi por el simple hecho de existir, esa religión atenta contra nuestros derechos emocionales y es justo abandonarla[15].

Lo mismo sucede con cualquier persona que se aproveche de nuestros fallos (reales o inventados) para manipularnos, sea nuestro jefe, nuestra madre o nuestra pareja. No debemos permitir que nadie explote nuestros sentimientos de culpa en su beneficio.

La ira y la piedra gris

Quiero dedicar este apartado a una técnica diseñada para lidiar con la gente que nos saca de quicio. Todos conocemos a alguien tóxico o manipulador, a un narcisista encubierto, a alguien que disfruta haciendo estallar a los demás. Si tienes cerca a uno de estos personajes y no puedes hacer nada por sacarlo de tu vida, te aconsejo que aprendas a usar la técnica de la

---

[15] Aquí no estoy atacando ninguna fe, estoy diciendo que ninguna religión debería usar la culpa como arma de control o sumisión.

piedra gris. El lema de esta técnica es RESPONDER EN VEZ DE REACCIONAR. Se trata de no dar a esta gente la atención o la pelea que buscan.

Cuando uno de estos perfiles tóxicos te interpele, no entres en su juego: baja el volumen de tus emociones al responder y sé una aburrida y nada perspicaz piedra gris: usa frases neutras y sin implicación personal, sé ambiguo ante las provocaciones y contesta con expresiones descafeinadas (es posible, ajá, puede ser, no estoy muy al corriente…), etc. Si la otra persona sube el nivel de agresividad, contéstale sin inmutarte: «lamento que digas esto», «no puedo evitar que pienses así», «¿A qué te refieres con que yo terminaré mal?», «Veo que me estás insultando, ¿estás bien?», etc.

Al principio te sentirás falso y la otra persona también lo detectará. Pero si continúas, ganarás: serás la piedra gris contra la que van a tropezar los busca broncas y los perfiles conflictivos:

«La educación emocional es la habilidad de escuchar casi cualquier cosa sin perder tus estribos y tu autoestima»

— Robert Frost

Disciplina contra la ansiedad

Aunque la ansiedad es un tema que da para libros enteros, es importante hacerle un hueco aquí para señalarla como uno de los tifones que suelen tumbarnos, llevarnos a actuar como no queremos o, en caso de dominarla, dejarnos completamente exhaustos.

Recordemos que la ansiedad es un mecanismo de defensa: es nuestro cerebro reptiliano enviándonos mensajes de alarma. El problema es que te envía señales cuando no existe un peligro real para tu supervivencia. ¿Por qué lo hace entonces?

Cuando hay ansiedad descontrolada, lo que hay es un sistema nervioso hipervigilante ante sucesos que el cerebro vincula con el pasado, cuando sí estuvimos expuestos física o psicológicamente.

Es absurdo ignorar la ansiedad o ahogarla con ansiolíticos sin hacer trabajo terapéutico: la ansiedad que se reprime vuelve más fuerte hasta que es atendida. ¿Qué estrategias tenemos para lidiar con la ansiedad?

1. **Hablar con ella**: Escúchala, siente todas las emociones que te trae y pídele amablemente que se vaya: «Lo lamento, pero ahora no puedo atenderte», «Entiendo que estés aquí, pero no te necesito», «Sé lo que quieres decirme, pero estamos a salvo».

2. **Utilizar técnicas de relajacióm**: Hay muchos recursos, desde la meditación hasta la escritura terapéutica. Si realizas una actividad relajante durante un pico de ansiedad, pasará antes: recuérdate que la ansiedad es pasajera.

3. **Demostrarle que tú estás al mando**: La ansiedad es tu propia inseguridad diciéndote que no puedes con algo. Busca maneras de obtener pequeñas victorias para ir tomando confianza y demostrarle que sí puedes.

4. **Confrontar la ansiedad con pruebas**: Si la ansiedad viene «vestida» de ataques al corazón o brotes de «locura», hay que ir al médico y obtener informes diagnósticos que demuestren que solo hay ataques de ansiedad.

Resumen del capítulo 6

– Algunas emociones, como la ira, la culpa, los celos o la envidia, son más propensas a descontrolarnos y arrastrarnos hacia conductas peligrosas.

– La envidia es la frustración por no poseer algo que otros tienen, y es una llamada a la acción, pero no hacia los demás sino hacia uno mismo.

– Los celos son el miedo a perder el amor de alguien, y son una cárcel que nos construimos a nosotros mismos.

– El sentimiento de culpa es el auto reproche que nos hacemos por una acción contraria a nuestros valores. Reparar el daño es el camino para aliviarlo.

– La ansiedad necesita ser atendida para desaparecer.

El triángulo de la integridad

«Cada emoción tiene su lugar, pero no debe interferir con la acción adecuada».

— Susan Oakey-Baker.

Hasta ahora hemos visto qué son las emociones, cómo funcionan, qué relación tienen con nuestros pensamientos y conductas; y también de qué manera podemos modularlas. Ahora veremos cómo nuestras acciones alimentan las emociones y cómo podemos gestionarlas por vía de nuestros actos. Para ello, debemos hablar de integridad personal.

¿Qué es la integridad personal?

Decimos que una persona es íntegra cuando no se vende o no se deja corromper. En psicología, la integridad personal se da cuando nuestras acciones se corresponden con nuestros valores y convicciones. Es decir: cuando somos fieles a nosotros mismos y nuestros actos son consecuentes con lo que creemos y lo que sentimos.

Si el triángulo del sistema nervioso unía los conceptos pensamientos, emociones y acciones, el triángulo de la integridad une nuestro sistema de valores, nuestros sentimientos y nuestros actos en relación con ellos.

¿Qué tiene que ver esto con la gestión de las emociones? Pues que en el momento en que no somos consecuentes en ese triángulo, empieza el malestar emocional.

Practicar la integridad

Si quieres vivir en paz, debes practicar la integridad. Eso significa que, si eres una persona comprometida con tu trabajo, debes actuar en consecuencia: te tomarás en serio la tarea, serás honesto y te satisfará cumplir con tu deber. Cuando no lo haces (cuando eres tramposo, te portas mal con tus compañeros, etc.), te sentirás vendido.

Eso es porque, cuando nos comportamos de acuerdo con nuestro sistema de valores, nos sentimos bien mientras que, cuando nos traicionamos a nosotros mismos, empieza nuestro el malestar interno: nuestra propia conciencia nos avisa de que algo no cuadra.

No hay bienestar emocional posible cuando sentimos que no hacemos lo correcto según lo que somos o queremos ser: nuestra felicidad depende de nuestra dignidad y nuestra integridad personal. Por supuesto, hay cosas que nos producen felicidad y que no tienen nada que ver con la ética personal (tomarnos un helado, por ejemplo). Y no es que esas cosas sean malas o que no sean importantes, lo que ocurre es que no son esenciales para nuestra plenitud. ¿Por qué? Porque ningún helado (ni cochazo, ni viaje de lujo), te hará sentir bien si tu triángulo de la integridad está roto.

Es cierto que ser íntegros no garantiza la felicidad, pero no serlo sí es garantía de ser eternamente infelices. ¿Y qué hacemos para ser íntegros? ¿Cómo gestionamos el triángulo de la integridad en nuestro día a día para que no aparezca el malestar emocional? Siguiendo estos pasos:

1. **Conocer los propios valores:** ¿Qué crees que es importante defender en esta vida? ¿Cuáles son tus líneas rojas en materia ética? ¿Serías capaz de escribirlas en tu diario? Por ejemplo: ¿tendrías algún conflicto ético si robaras a una persona vulnerable? ¿Y a un millonario? ¿Actuarías en defensa de una persona maltratada si eso te supusiera algún contratiempo? ¿En qué circunstancias irías contra la ley sin remordimientos?

2. **Buscar la relación entre ellos y tu vida actual:** En tu familia, con tu pareja, en el trabajo, como ciudadano, como miembro de una comunidad... ¿Estás actuando de acuerdo a tus principios? ¿Hay alguna actividad en tu vida que vaya en contra de tu propia conciencia moral?

3. **Cultivar la honestidad contigo mismo y con los demás**: Trata de llevar una vida honesta. Es cierto que vivir en sociedad a menudo nos obliga a mentir, pero nadie nos obliga a mentirnos a nosotros mismos.

Cuanto menos lo hagamos, más controlaremos nuestro bienestar.

4. **Cumplir con tus responsabilidades:** Sé fiel a los compromisos y promesas que haces. Pocas cosas son más gratificantes en esta vida que dar tu palabra y cumplirla.

5. **Fomentar tu autenticidad y la de los demás**: No intentes ser alguien que no eres, ni obligues a nadie a cambiar.

6. **Tener voluntad de mejora y de crecimiento**: La vida nos ofrece constantes motivos para sentir curiosidad y seguir aprendiendo. Nunca creas que ya lo sabes todo o no necesitas descubrir nada nuevo para vivir.

Toda acción conlleva una emoción

Las mayores dosis de bienestar emocional proceden de los buenos resultados de nuestras acciones conforme a nuestros valores. Para ello, debemos tener objetivos vitales, propósitos de vida, metas que nos inspiren.

¿Qué son los propósitos de vida?

Los propósitos de vida (también significados o motivaciones profundas), son las razones últimas por las que vivimos. Son las misiones personales y voluntarias que nos proponemos y que nos ayudan a saber quién somos y cuál queremos que sea nuestro lugar en el mundo.

Todos tenemos algo que deseamos mucho. Algo que nos gusta hacer o a lo que podemos dedicar días o años. Cuando tenemos la oportunidad, hacemos de ello nuestro timón de vida y lo convertimos en nuestra profesión o nuestro mundo. Con menos suerte, hacemos de ello algo que nos acompaña en nuestro tiempo libre.

¿Sabes qué es lo que se te da bien a ti, o lo que más deseas? ¿Está cerca de convertirse en un propósito en tu vida? No es necesario que nuestro propósito sea clave para toda la Humanidad: basta con que tenga sentido para nosotros y que nos identifiquemos con él.

Aquí te dejo los propósitos de vida que me han revelado algunos de mis clientes:

- Ser un buen pediatra.

- Ser el mejor marido posible.

- Formar una familia donde todos los miembros sean queridos y felices.

- Contribuir en la mejora de mi pueblo.

- Luchar contra la pobreza.

- Crear una aplicación que sea un éxito.

- Montar un grupo de música.

- Organizar un evento cultural que se consolide y mantenga durante años.

- Que mis hijos se sientan orgullosos de mí.

Si tú no tienes claros tus propósitos de vida, puedes empezar al revés, haciendo el ejercicio a la inversa: no pienses en lo que quieres alcanzar sino en lo que quieres evitar. ¿Cuáles son tus propósitos a la inversa, adonde nunca te gustaría llegar?

Y ten presente que hacer algo que amas es razón suficiente para hacerlo, al margen de los resultados.

Terapia de Aceptación y Compromiso

La Terapia de Aceptación y Compromiso (ACT, por sus siglas en inglés) se usa especialmente para aceptar las experiencias traumáticas del pasado o las vivencias difíciles actuales. Fue desarrollada por el psicólogo clínico estadounidense Steven C. Hayes en la década de 1980, y se basa en redirigir a la persona hacia sus propios valores y personalidad, y no hacia lo que le ocurre o ha ocurrido.

En la ACT, se anima a las personas a tomar conciencia plena de sus pensamientos, emociones y conductas sin luchar contra ellos. Una vez conscientes de ello, esta terapia busca que los pacientes se comprometan a actuar según sus propios valores, objetivos y forma de ser; y no según esas experiencias o vivencias estresantes. Es decir: seguir con nuestro camino a pesar de las circunstancias.

Para ello, se fomenta el aprendizaje de habilidades de atención plena y la adopción de una perspectiva más amplia de la propia vida. Esta terapia usa técnicas como la defusión cognitiva para disminuir el impacto de ciertas experiencias en las personas.

Hábitos transversales para practicar la integridad

Por último, vamos a ver otras estrategias adicionales para «engrasar» nuestro triángulo de la integridad:

- **Rodéate de gente emocionalmente sana.** Sabemos que nadie es perfecto, pero el ambiente en el que te mueves influye mucho. Si estás rodeado de gente tóxica, aléjate. Si no te es posible por el momento, trata de no absorber y de no implicarte emocionalmente.

- **Persevera.** No abandones tus proyectos a la mínima. No seas alguien que se conforma, que no crece. Comprométete a actuar todos y cada uno de los días.

- **Abraza el sentido del humor.** Si fuera un alimento, el humor sería un potente antioxidante: la risa tiene la virtud de animarnos y mejorar nuestra actitud frente al mundo.

- **Cultiva el autoconocimiento.** Conocerte a ti mismo, tus fortalezas y áreas de mejora es fundamental para la resiliencia emocional. Reflexiona sobre tus valores, creencias y metas en la vida.

- **Desarrolla una mentalidad de crecimiento.** Adopta una actitud de aprendizaje constante y toma los desafíos como oportunidades para superarte.

- **Establece metas realistas.** Ten objetivos alcanzables y que vayan contigo. Divide las metas en pasos más pequeños y celebra los avances.

- **Busca perspectivas positivas.** Enfócate en lo positivo, busca el aprendizaje incluso en situaciones difíciles. Cultiva la gratitud y practica el optimismo realista.

- **Descansa bien.** Dormir es una necesidad básica, también emocional. Dale prioridad a este aspecto si aún no tienes buenos hábitos de sueño.

- **Sonríe más.** Sabemos que las sonrisas espontáneas son más auténticas que las forzadas, pero incluso una sonrisa forzada ayuda, pues el cerebro libera endorfinas igualmente.

Resumen del capítulo 7

– Igual que los pensamientos y las creencias, nuestros actos también influyen sobre las emociones.

– Para equilibrar el triángulo entre lo que pensamos, lo que sentimos y lo que hacemos, debemos practicar la integridad.

– La integridad es vivir de acuerdo con nuestros propios valores y es la principal fuente de bienestar emocional.

– Trabajar el propio camino y vivir con propósitos fortalece el triángulo de la integridad.

Sé emocional, ¡sé feliz!

¡Fin del libro! ¿Cómo ha ido? ¿Cómo te sientes? Espero que te hayas sentido bien y que hayas encontrado mucho material útil en estas páginas.

Por mi parte, solo me queda felicitarte por haberte tomado en serio tus propias emociones. No hay mucha gente que lo haga y, créeme, no hay felicidad sin un sistema emocional estable. Así que ENHORABUENA.

Junto a esto, decirte que espero que llegues muy lejos en este proceso de conocer, entender y guiar las propias emociones. Creo que te he ofrecido un buen método con 7 pasos que te ayudarán en el proceso. Quizás algunos apartados te servirán más que otros, tal vez hayas encontrado cosas chocantes o reveladoras en algún capítulo. Pero espero que el conjunto te ayude.

Porque, si has llegado hasta aquí, es porque quieres crecer y mejorar. Y sé que puedes hacerlo, puesto que el interés ya es la mitad del camino. Pero te toca trabajar. No dejes que el día a día se coma tus prioridades. No dejes que las emociones vuelvan al mismo rincón de siempre, de donde solo salen cuando ya no puedes más. Tráelas al primer plano. ¡Que las veas! Recuerda que son tus aliadas.

Mucha gente habla de la gestión de las emociones, pero poca gente la practica realmente. Tú ya estás en el buen camino. El hecho de haber completado este libro ya te coloca un paso por delante de aquellos que simplemente se quedan en las buenas intenciones.

Escúchate. Recuerda todos los motivos que tienes para hacerlo. No te niegues a sentir, no te conformes con menos. No renuncies a «ser intenso». ¡La vida va de eso! La vida está hecha para sentirla a fondo, con pasión y en todo momento, no para tener miedo a sentirla.

¡Sé emocional y sé feliz!

Daniel

Tu opinión es muy importante

Como autor independiente que soy, tu opinión es muy importante para mí y para futuros lectores como tú. Te estaría enormemente agradecido si me dejases **un comentario** en tu plataforma favorita diciéndome qué te ha parecido mi libro **para así poder seguir mejorándolo**:

- ¿Qué es lo que más te ha gustado?
- ¿Hay algo que hayas echado en falta?
- ¿A quién se lo recomendarías?
- ...

¡Un regalo solo para ti!

¿Te gustaría leer **mi próximo libro completamente GRATIS**? ¡Escanea el código que aparece debajo y **apúntate a mi club de lectores**!

Te esperan grandes sorpresas: sé el primero en leer mis nuevos lanzamientos, escucha mis audiolibros de forma gratuita, consigue copias firmadas y dedicadas... ¡y mucho más!

Otros libros de Daniel J. Martin